AF329186

CATALOGUE

DES BRONZES,

OBJETS D'ART,

DE CURIOSITÉ, DE FANTAISIE ET D'ÉTRENNES,

ET DE TOUTES LES MARCHANDISES

GARNISSANT LES MAGASINS DE M. HYPP. DEVILLERS,

DONT LA VENTE AURA LIEU,

Par suite de cessation de commerce,

EN VERTU D'AUTORISATION DU TRIBUNAL DE COMMERCE,

RUE NEUVE-SAINT-AUGUSTINS, 41,

AU PREMIER ÉTAGE,

Les Jeudi 16, Vendredi 17, Samedi 18, Lundi 20 Décembre, et jours suivants, jusqu'au Vendredi 31 Décembre,

Par le ministère de Mᵉ RIDEL, Commissaire-Priseur, rue Saint-Honoré, 335.

EXPOSITION PUBLIQUE

Les Lundi 13, Mardi 14 et Mercredi 15 Décembre 1841, de midi à quatre heures.

LE CATALOGUE SE DISTRIBUE CHEZ

MM. RIDEL, Commissaire-Priseur, rue Saint-Honoré, n. 335,
DEVILLERS, rue Neuve-Saint-Augustin, n. 41.

AVIS. Le local est à louer pour le 1ᵉʳ janvier 1842, et pourrait même être doublé d'étendue par l'adjonction de nouveaux magasins.

PARIS

IMPRIMERIE ET LITHOGRAPHIE DE MAULDE ET RENOU,
RUE BAILLEUL, 9 ET 11.

1841

1064

CATALOGUE
DES BRONZES,
OBJETS D'ART,

DE CURIOSITÉ, DE FANTAISIE ET D'ÉTRENNES,

Porcelaines de Sèvres, de Saxe, de Chine et du Japon, richement montées en bronze doré; Plaqué, Bijouterie fine; Maroquinerie, Ébénisterie, Tabletterie, et généralement de toutes les Marchandises garnissant les Magasins de

M. H^te DEVILLERS,

DONT LA VENTE AURA LIEU, PAR CESSATION DE COMMERCE,

En vertu d'autorisation du Tribunal de commerce

Rue Neuve-Saint-Augustin, n. 41,

AU PREMIER ÉTAGE,

Les Jeudi 16, Vendredi 17, Samedi 18, Lundi 20 Décembre et jours suivants, jusqu'au Vendredi 31 Décembre,

A MIDI PRÉCIS,

Par le ministère de Me RIDEL, Commissaire-Priseur, rue Saint-Honoré, 335.

EXPOSITION PUBLIQUE

Les Lundi 13, Mardi 14 et Mercredi 15 Décembre 1841, de midi à quatre heures.

LE CATALOGUE SE DISTRIBUE CHEZ

MM. RIDEL, Commissaire-Priseur, rue Saint-Honoré, n. 335 ;
DEVILLERS, rue Neuve-Saint-Augustin, n. 41.

1841

1064

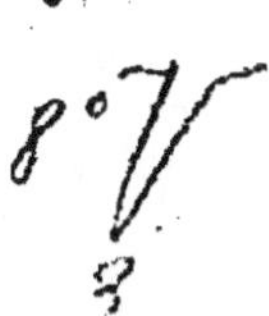

Nota. Le grand nombre et la variété des objets qui composent cette vente ne nous ont pas permis de faire un catalogue détaillé et par ordre de vacations. Pour y suppléer, les marchandises resteront en évidence, et les lots seront composés et mis en vente au gré des amateurs. Toutefois, nous indiquerons ultérieurement la vacation dans laquelle seront vendus spécialement les principaux objets, tels que la magnifique toilette à la duchesse en bronze doré, les deux grandes corbeilles en porcelaine à jours et bronze, le lustre à 42 lumières, etc.

L'établissement de M. Devillers datant à peine de deux ans, et une grande partie des marchandises ayant été même renouvelée depuis cette époque, tous les objets sont de la plus grande fraîcheur et du style le plus moderne.

CONDITIONS DE LA VENTE.

Elle sera faite au comptant.

Les acquéreurs paieront, en sus de leurs adjudications, cinq centimes par franc, applicables aux frais.

CATALOGUE

DE BRONZES

ET OBJETS D'ART,

de Curiosité, de Fantaisie et d'Étrennes.

—◆—

MEUBLES EN BRONZE DORÉ.

1 magnifique toilette à la duchesse, en bronze ciselé et doré or moulu, à figures et écusson, garnie de toutes ses pièces en vermeil ciselé et à figures.

1 grande jardinière en porcelaine décorée, fond vert, pied en bronze artistique et doré or moulu, ceps de vigne avec serpent.

1 autre grande jardinière en porcelaine fond bleu, pied à trois rinceaux et dauphins, aussi en bronze artistique et doré or moulu.

2 belles jardinières à feuillages, en bronze, avec fleurs en porcelaine et oiseaux exotiques.

2 jolis guéridons, en bronze florentin et doré or moulu, avec plateau en porcelaine à fleurs.

1 autre guéridon, pieds à colonnes torses avec ornements en bronze, plateau en porcelaine du Japon.

BRONZES.

Pendules.

18 pendules en bronze doré or moulu, style renaissance et rocaille, de divers modèles, dont le Jour et la Nuit, le Château d'Anet, à cariatides, et autres.

34 autres belles pendules, en marbre, bronze artistique ou doré or moulu, grands, moyens et petits modèles, dont César, l'Ange gardien, Daphnis et Chloé, Faune antique, Érato, la sœur de Didon (d'après le tableau de M. Guérin), Galilée, la Poésie et la Musique, la jeune Mère au bain, la Moisson, le Rémouleur antique, l'Étude, etc., etc.

Plusieurs de ces pendules seront vendues avec leurs candélabres.

3 pendules en porcelaine, garnies en bronze doré, style renaissance.

Candélabres.

37 paires de candélabres de divers modèles, en bronze doré or moulu, marbre et bronze artistique, style renaissance, rocaille et à figures.

6 autres paires de candélabres, corps en porcelaine de Chine, et autres montés en bronze doré.

Lustres et Bras.

1 grand lustre à 42 lumières, style renaissance, bronze doré or moulu.

1 lustre à 30 lumières, bronze doré, style rocaille.

1 id. à 18 id. id. et cristal.

1 id. à 6 id. id. et avec lampe Carcel, en porcelaine du Japon.

18 lustres de 6 à 24 lumières, en bronze doré et artistique, style rocaille, renaissance et autres.

14 paires de bras de cheminée, de 3 à 6 lumières, aussi en bronze doré or moulu et bronze artistique, style rocaille, renaissance et autres.

BRONZES DIVERS.

3 belles corbeilles de surtout, en bronze doré, style renaissance.

26 statuettes en bronze artistique, dont Benvenuto Cellini, Guttemberg (d'après David), Philibert Emmanuel (d'après Marochetti), la Vendangeuse napolitaine *de Dantan*, la Baigneuse *de Claudion*, l'Improvisateur napolitain, les deux Flamands, etc.

6 jolis écritoires en marqueterie de Boule.

30 écritoires en bronze doré, rocaille, style renaissance, et porcelaine décorée, montée en bronze; 20 autres dits fontaine en bronze, porcelaine et cristal.

30 presse-papiers, en bronze artistique et bronze doré or moulu, figures, animaux, sujets divers.

2 brûle-parfums, en bronze doré.

15 sonnettes,   id.

1 porte-flacons,   id., style persan.

Lampes, Trépieds et Flambeaux.

38 paires de lampes, façon Carcel, en bronze doré et artistique, à figures, colonnes, monstres et bougeoirs,

2 paires de lampes forme vases, porcelaine fond bleu et fond vert, décorée or mat, montées en bronze doré or moulu.

1 paire de lampes, forme vases imitation de Chine, fond blanc à bouquets et papillons, montée en bronze doré.

1 id. porcelaine de Chine, à figures, montée en bronze doré, à têtes d'éléphants et panthères.

1 id. cornets porcelaine du Japon, montée en bronze doré.

1 id. porcelaine de Chine, à figures, montée en bronze doré, à griffons.

1 id. cornes d'abondance, porcelaine fond bleu, montée en bronze doré.

14 autres lampes, façon Carcel, porcelaine de Chine et autres, montées en bronze doré et or moulu, de divers modèles.

15 trépieds et supports de lampes, à figures, ciselés et autres, en bronze doré or moulu et bronze artistique.

16 appareils de suspension pour lampes Carcel, en bronze doré et artistique.

46 paires de flambeaux, divers modèles, en bronze doré et autres.

20 bougeoirs en bronze doré, rocaille et autres.

12 veilleuses en bronze doré et artistique.

Galeries et Garnitures de cheminée.

10 fort belles galeries de cheminée, en bronze doré et artistique, à figures, coupes et autres.

3 paires de feux en bronze.

3 garde-feux.

Pelles et pincettes en acier poli et bronze ; porte-pelles et pincettes en cuivre.

PORCELAINES ANCIENNES ET MODERNES, MONTÉES EN BRONZE DORÉ.

2 magnifiques corbeilles, en porcelaine à jours, avec

pied riche en bronze doré or moulu, à consoles, pampres et feuilles de vigne.

1 grand vase, forme étrusque, en porcelaine fond bleu, grand feu, richement orné en bronze doré or moulu.

1 grand bol, en porcelaine de Chine, monté en bronze doré or moulu, à figures et satyres.

1 coupe, porcelaine de Chine, montée en bronze doré, à guirlandes et rinceaux.

4 paires de coupes en porcelaine de Sèvres, pâte tendre, fond blanc à bouquets, montées en bronze doré, à figures.

1 paire grands vases, porcelaine fond vert, à sujets de chasse, monture très riche en bronze doré.

1 paire de potiches en porcelaine de Chine, à fleurs, montée en bronze doré, à roseaux.

1 paire de vases, porcelaine de Chine, à peau de chagrin fond bleu, montée en bronze doré, avec chimères.

2 paires de cornets, en porcelaine de Chine et du Japon, montés en bronze doré or moulu, à figures.

1 paire de grandes buires, porcelaine fond bleu turquoise, monture en bronze doré, à figures.

70 paires de vases, cornets, aiguières, buires, en porcelaines diverses, montées en bronze doré, style renaissance et rocaille.

25 paires de jolies coupes en porcelaine de Chine, du Japon, française et anglaise, montées en bronze doré, à figures et chimères, style renaissance et rocaille.

Plusieurs paires de coupes en bronze doré et artistique, sujets ciselés et en relief.

4 coupes en cristal, montées en bronze doré or moulu, formant corbeilles ou drageoirs pour surtout.

6 fort jolis groupes, en porcelaine de Saxe, montés en bronze doré.

1 joli service à sorbets, en porcelaine de Chine, garni en plaqué, or et argent, composé d'une coupe, douze bols et un plateau.

PORCELAINES ET CRISTAUX, NON MONTÉS.

Plusieurs cabarets, têtes-à-têtes, tasses à thé, flacons, porte-fleurs, porte-allumettes, brûle-parfums, buires, petits vases, cornets, paniers, coupes, en porcelaine française et anglaise, décorés et à fleurs détachées.

Verres d'eau, coupes, verres de fantaisie, flacons et petits vases en cristal de Venise et de Bohême.

Bougeoirs, figures, baguiers, miroirs et objets de fantaisie, en porcelaine de Saxe, style rocaille et autres.

Plusieurs plateaux pour cabarets, en tôle décorée et laque anglais.

ÉBÉNISTERIE, MAROQUINERIE, TABLETTERIE, ET FOURNITURE DE BUREAU.

3 coffres en marqueterie de Boule.

30 nécessaires de voyage et à ouvrages en bois exotiques et autres, garnie de leurs pièces en or, vermeil, argent et acier.

20 trousses de voyages en maroquin du Levant et cuirs de Russie, garnies en vermeil, argent et plaqué.

64 boîtes à mouchoirs, à gants, à odeurs, à ouvrage à filets, à thé, à cigares, à lettres, etc., en ébène et palissandre avec riches incrustations.

Plusieurs boîtes garnies en velours avec fixés et peintures.

Buvards, album, souvenirs, porte-cartes, porte-visites, en velours et garnis en bronze doré et vermeil, avec peintures de Brunswick.

22 garnitures de bureau en acier damasquiné et vermeil.

Quantité de cachets, porte-crayons, porte-plumes essuie-plumes, en or, vermeil, bronze doré et pierres fines.

Quantité d'objets de tabletterie, tels que boîtes à épingles, à aiguilles, à plumes, à cure-dents, cire-fils, couteaux à papiers, etc., etc.

Tabatières en bois de palmier, écaille, ivoire et bois divers.

OBJETS DIVERS.

39 éventails, dont plusieurs anciens avec peintures fines, montures en nacre de perle et ivoire.

10 jolies boîtes à ouvrages et à bijoux, en ivoire sculpté. Bénitiers, bonbonnières en ivoire sculpté.

2 petites ménagères anciennes en vermeil et plaque d'aventurine.

2 bonbonnières anciennes en vermeil.

1 châtelaine ancienne en bronze doré.

Quantité de pièces en filigrane et bronze doré, telles que coupes, corbeilles, vide-poches, flacons, et vases.

Bonbonnières, flacons de poche en porcelaine, cristal de Bohême et autres, garnis en or et vermeil; étuis, figurines et quantité de petits objets de fantaisie en écaille, ivoire, agate, or, vermeil et acier.

PLAQUÉ.

6 fontaines à thé.

4 casseroles d'entremets, dont 2 avec ornements en argent.

14 paniers de réchauds et 8 paires de cloches.

5 plats.

5 théières.

5 cafetières.

Soupières, sucriers, pots à crême, plateaux, huiliers, bouts-de-table, porte-liqueurs, manches à gigots, etc., etc.

ARGENTERIE.

2 seaux à rafraîchir, ciselés et à têtes d'anges, très riches; huiliers, beurriers, services à thé, couverts, couteaux et fourchettes à découper, manches à gigot etc.

15 tabatières russes en argent niellé de Tuwla.

Boucles, lorgnons, faces à mains, pommes de cannes et autres objets en argent et vermeil.

BIJOUX EN OR.

66 broches en or et pierres fines et de couleur.
61 bracelets » »
72 bagues » »
7 parures » »
6 colliers » »
92 épingles » »
4 coiffures » »
82 boutons » »

22 chaînes de cou en or.
6   id. de montre   »
2 montres   »
3 lorgnons   »
6 pommes de cannes   »
Et quantité d'autres menus bijoux en or.

Paris. Imprimerie et lithographie de MAULDE et RENOU,
rue Baillaul, 9 et 11.   1064

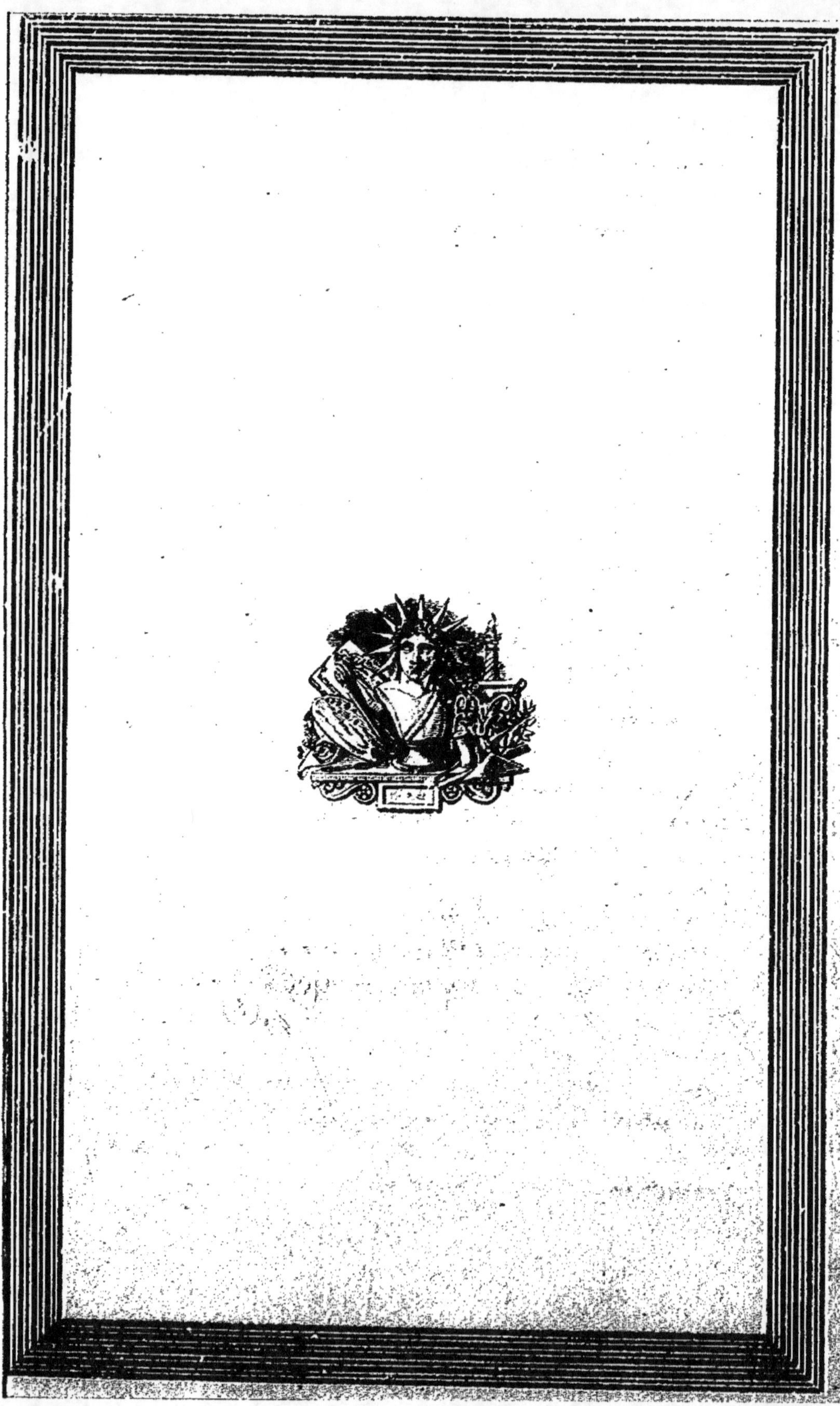